龍

目次《もくじ》

売《う》り声《ごえ》図鑑《ずかん》 2

江戸《えど》の長屋《ながや》の春夏秋冬《しゅんかしゅうとう》

江戸売《えどう》り声《ごえ》でタイムトリップ！

文《ぶん》　宮田章司《みやたしょうじ》
絵《え》　瀬知《せち》エリカ
監修《かんしゅう》　市川寛明《いちかわひろあき》
江戸東京博物館学芸員《えどとうきょうはくぶつかんがくげいいん》

泰平《たいへい》の世《よ》が二百六十年《ねん》あまりつづいた江戸《えど》時代《じだい》。江戸《えど》の町《まち》には、日本全国《にほんぜんこく》から人《ひと》が集《あつ》まりました。いまから三百年《ねん》ほど前《まえ》の享保年間《きょうほうねんかん》には、江戸《えど》の人口《じんこう》は百万人《にん》を超《こ》え、世界最大《せかいさいだい》の都市《とし》になっていたそうです。

せまい長屋《ながや》で質素《しっそ》なくらしをしていた江戸《えど》の庶民《しょみん》は、都市生活《としせいかつ》のなかに、四季《しき》おりおりの季節感《きせつかん》をみつけだして、味《あじ》わい、楽《たの》しむ達《たつ》人《じん》でした。

春《はる》には花見《はなみ》に出《で》かけ、夏《なつ》には花火《はなび》に感激《かんげき》し、秋《あき》には虫《むし》の声《こえ》を聞《き》き、冬《ふゆ》には雪《ゆき》にあそぶ。それは現代《げんだい》のわたしたちのくらしと同《おな》じでしょうか。それとも、いまとはちがう味《あじ》わいもあるのでしょうか。

江戸《えど》の長屋《ながや》にタイムトリップしましょう。売《う》り声《ごえ》がとびかう江戸《えど》の町《まち》のくらしには、季《き》節《せつ》を楽《たの》しみ、たくましく生《い》きぬく知恵《ちえ》があふれています。

口上《こうじょう》

さあいらっしゃい！江戸《えど》の季節《きせつ》の売《う》り声《ごえ》をご案内《あんない》しますよ！

さござい
さございー
宮田章司
宮田
当たり
当たり
黒《くろ》ネコ
コテちゃん
ですよー
当たり

こんにちは！　あたしは日本《にほん》でたったひとりの江戸《えどう》売り声芸人《ごえげいにん》、宮田章司《みやたしょうじ》です。寄席《よせ》とよばれる昔《むかし》ながらの劇場《げきじょう》で、落語《らくご》や漫才《まんざい》やマジックをひろうする芸人《げいにん》たちと舞台《ぶたい》に立《た》ち、江戸《えどう》売り声《ごえ》の漫談《まんだん》（おもしろいはなし）を楽《たの》しく紹介《しょうかい》しています。

きょうは、春夏秋冬《しゅんかしゅうとう》、江戸《えど》の町《まち》でくらす人々《ひとびと》に季節《きせつ》をとどけた売《う》り声《ごえ》のはなしをいたしましょう。

江戸《えど》の長屋《ながや》には、お正月《しょうがつ》になると「宝引《ほうび》き」がやってきました。宝引《ほうび》きは、町内《ちょうない》の子《こ》どもを集《あつ》めるために、大《おお》きな声《こえ》で「さござい、さござい－」とよびかけたので、「さござい」ともよばれました。「さあござれ（さあいらっしゃい）」という意味《いみ》です。

手《て》に十数本《すうほん》の細《ほそ》いなわをにぎっているでしょう。どれかの先《さき》に「あたり」のふだや、お正月《しょうがつ》の縁起《えんぎ》ものであるダイダイ（ミカンの仲間《なかま》）の実《み》がついています。お金《かね》をはらった子《こ》どもは、なわの反対《はんたい》の先《さき》を選《えら》び、あたりを引《ひ》けば景品《けいひん》がもらえるのです。

「さござい－」の声《こえ》が聞《き》こえると、子《こ》どもたちはおおよろこび。おこづかいをにぎりしめて長屋《ながや》の広場《ひろば》に走《はし》りました。親《おや》たちも、一年《ねん》の運《うん》だめしと考《かんが》えて、さございがやってくるのを楽《たの》しみにしていたそうですよ。

江戸《えど》のくらしには、季節《きせつ》ごとのイベントがたくさんありました。そして、そこにはいつも個性的《こせいてき》な物売《ものう》りの声《こえ》がいろどりをそえていたのです。

さあ、ごいっしょに長屋《ながや》の春夏秋《しゅんかしゅう》冬《とう》を楽《たの》しみましょう。江戸《えどう》売り声《ごえ》の時間旅行《じかんりょこう》のはじまりです！

タイムトリップ！
売《う》り声《ごえ》百景《ひゃっけい》

春《はる》の巻《まき》

正月《しょうがつ》からはじまります

わーい
わーい
ワン！
めでたい めでたい
三河万歳《みかわまんざい》
（太夫《たゆう》）
猿《さる》まわし
おお！
あがった
（才蔵《さいぞう》）

御慶《ぎょけい》もうしあげます
※
新年《しんねん》のごあいさつ

江戸《えど》の春《はる》は一月から三月

みなさん、わたしたちは、江戸《えど》の町《まち》にタイムトリップしましたよ！

行《い》きかう人々《ひとびと》が、はなやかな表情《ひょうじょう》ですね。春《はる》は、正月《しょうがつ》からはじまります。一月が睦月《むつき》、二月が如月《きさらぎ》、三月が弥生《やよい》。この三カ月《かげつ》が、江《え》戸《ど》の春《はる》です。

「一月が春なの？　まだ寒《さむ》いのに」と思《おも》うかもしれませんね。確《たし》かに、感覚的《かんかくてき》には少《すこ》しずれています。でも、年賀状《ねんがじょう》に「あけましておめでとう」と書《か》くように、正月《しょうがつ》のお祝《いわ》いで「初春《はつはる》」、「新春《しんしゅん》」、「賀春《がしゅん》」、「迎春《げいしゅん》」など、「春《はる》」の文字《もじ》が使《つか》われるのを見《み》たことがあるでしょう。これは江戸《えど》の暦《こよみ》のなごりです。

「旧暦《きゅうれき》」ともよばれる江戸時代《えどじだい》の暦《こよみ》は、太《たい》

陽《よう》と月《つき》の満《み》ち欠《か》けをもとにした太陰太陽暦《たいいんたいようれき》。季節《きせつ》のめぐりはいまもむかしも変《か》わりませんが、江戸《えど》の暦《こよみ》と現代《げんだい》のカレンダーとは、だいぶずれていたのです。

ちなみに、いまわたしたちが使《つか》っているカレンダーは、グレゴリオ暦《れき》といって、太陽《たいよう》の運行《うんこう》をもとにした世界標準《せかいひょうじゅん》の暦《こよみ》です。

にぎやかなお正月《しょうがつ》の町《まち》

大晦日《おおみそか》の夜《よる》から神社《じんじゃ》に詣《もう》で、初日《はつひ》の出《で》をおがんだり、富士山《ふじさん》に手《て》をあわせたり。長屋《ながや》でくらす人々《ひとびと》にとっても、正月《しょうがつ》は気持《きも》ちのあらたまる特別《とくべつ》な日《ひ》でした。

羽根《はね》つきやたこあげで、子《こ》どもたちも楽《たの》しそう。大《おお》きな口《くち》をあけて空《そら》を見上《みあ》げて走《はし》りまわることから、たこあげは健康《けんこう》のためによいと考《かんが》えられていたそうですよ。

家《いえ》の前《まえ》でめでたい芸《げい》をひろうしてお金《かね》をもらう門付《かどづ》け芸人《げいにん》たちもやってきました。

黒《くろ》い烏帽子《えぼし》をかぶった「太夫《たゆう》」と、鼓《つづみ》をもった「才蔵《さいぞう》」の二人組《ふたりぐみ》がいますね。これは、調子《ちょうし》のよい祝《いわ》いの言葉《ことば》で笑《わら》いをとりながら舞《まい》をまう、三河万歳《みかわまんざい》の芸人《げいにん》です。

ほかにも、獅子舞《ししまい》や鳥追《とりお》い、猿《さる》まわしなど、新年《しんねん》を祝《いわ》う芸人《げいにん》たちが、正月《しょうがつ》の町《まち》のめでたさを盛《も》り上《あ》げていました。

※「御慶《ぎょけい》もうしいれます」「御慶《ぎょけい》もうしあげます」：新年《しんねん》のあいさつのことば。ご祝儀《しゅうぎ》として扇子《せんす》をくばることもあった

縁起《えんぎ》もので、おめでとう！

すごろく、カルタあそび、羽根《はね》つき、たこあげ、こままわし……。お楽《たの》しみはいろいろありました

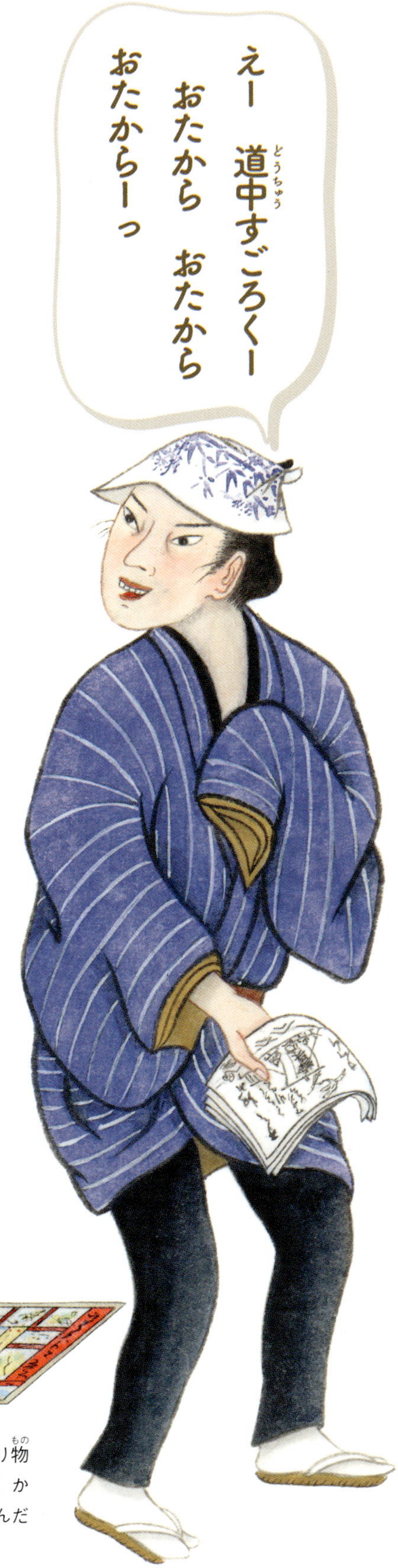
えー　道中《どうちゅう》すごろくー
おたから　おたから
おたからーっ

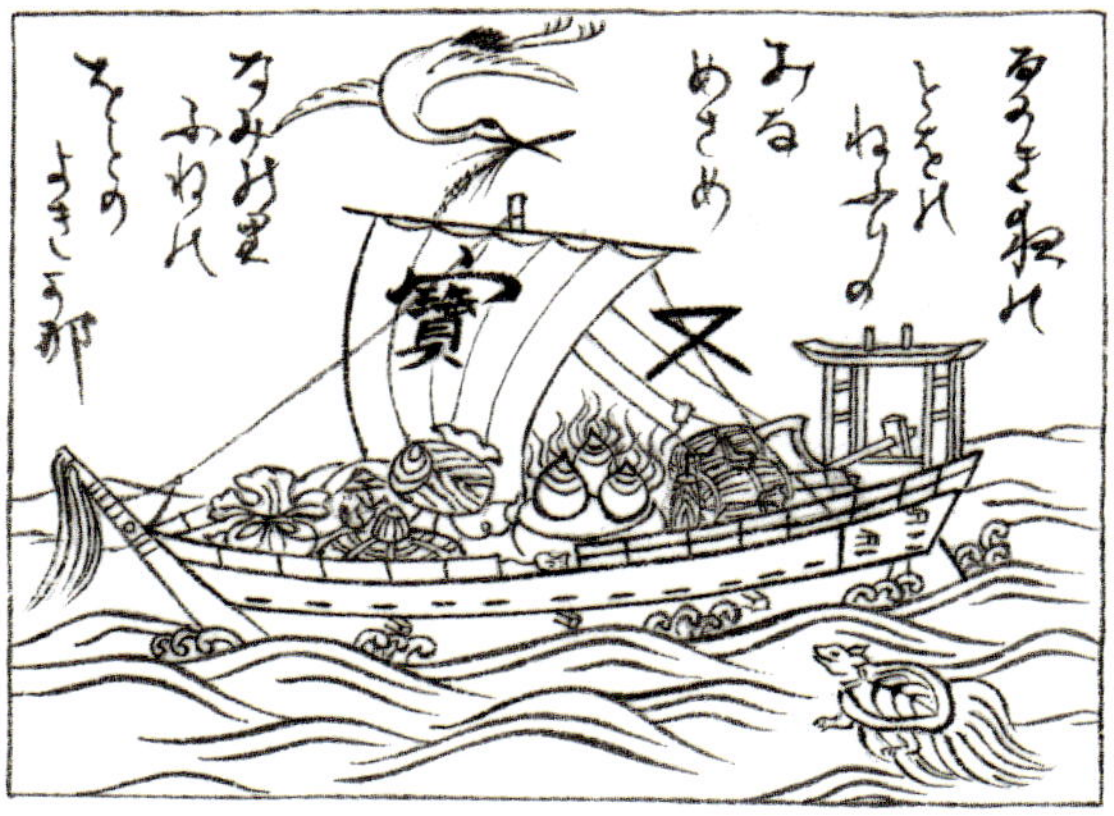
寶

宝船《たからぶね》の絵《え》。逆《ぎゃく》から読《よ》んでも同《おな》じになる文章《ぶんしょう》が書《か》かれている。「なかきよの　とおのねぶりの　みなめざめ　なみのりぶねの　おとのよきかな（長《なが》き夜《よ》の　遠《とお》の眠《ねむ》りの　みな目覚《めざ》め　波乗《なみの》り船《ぶね》の　音《おと》のよきかな）」

宝船売《たからぶねう》り

正月《しょうがつ》の町《まち》にひびく売《う》り声《ごえ》は、宝船売《たからぶねう》り。縁起《えんぎ》ものをあつかうのですから、明《あか》るい声《こえ》だったことでしょう。

正月《しょうがつ》の縁起《えんぎ》ものの宝船《たからぶね》の絵《え》や、すごろくなどを売《う》ります。江戸《えど》っ子《こ》たちは、よい初夢《はつゆめ》を見《み》るために宝船《たからぶね》の絵《え》を買《か》って、元日《がんじつ》か二日の夜《よる》、まくらの下《した》に絵《え》をしいて眠《ねむ》りました。

初夢《はつゆめ》の内容《ないよう》には吉《きち》と凶《きょう》があり、縁起《えんぎ》がよいとされていたのが「一富士《いちふじ》・二鷹《にたか》・三茄子《さんなすび》」。夢《ゆめ》の中《なか》に、富士山《ふじさん》や鳥《とり》のタカ、あるいは野菜《やさい》のナスが出《で》てくれば、この一年《ねん》はとびきり幸《しあわ》せにすごせると信《しん》じられていました。

正月《しょうがつ》のあそびとして人気《にんき》のすごろくも売《う》り物《もの》のひとつ。サイコロをふって、「ふりだし」から「あがり」まで、おとなも子《こ》どもも楽《たの》しんだ

正月《しょうがつ》の羽根《はね》売《う》り

羽根《はね》やー
つくばねー

羽子板《はごいた》は年末《ねんまつ》の歳《とし》の市《いち》でも人気商品《にんきしょうひん》。羽根《はね》つきには、厄《やく》ばらいや、蚊《か》にさされないまじないの意味《いみ》もあった

たこ売《う》り

たこやー
やっこだこー

たこは「いかのぼり」ともよばれた。四角《しかく》いたこ以外《いがい》にも、やっこだこやとんびだこなど、さまざまな形《かたち》がある

宝引《ほうび》き（さござい）

宝引《ほうび》きは、正月《しょうがつ》に行《おこな》われた福引《ふくび》きです。あたりを引《ひ》くと、おもちゃやアメなどの景品《けいひん》がもらえます。

いまでも、縁日《えんにち》の屋台《やたい》や、近所《きんじょ》の駄菓子屋《だがしや》さんで、似《に》たようなくじ引《び》きがあります。

えー　宝引《ほうび》き
宝引《ほうび》きでございー
さござい
さござい
さございー

あたりを引《ひ》いた子《こ》どもは「今年《ことし》もよい年《とし》になるぞ」とよろこんだ

江戸《えど》の庶民《しょみん》はレジャー好《ず》き

花見《はなみ》は大《おお》にぎわい

「花《はな》」といえば桜《さくら》の花《はな》を思《おも》い浮《う》かべるほど、日本人《にほんじん》は桜《さくら》が大好《だいす》き。花見《はなみ》は江戸《えど》でも人気《にんき》のイベントでした。

花見幕《はなみまく》のなかでは、緋毛《ひもう》せんとよばれる赤《あか》いしきものをしいて、お金持《かねも》ちがぜいたくな宴会《えんかい》をしていますよ。

庶民《しょみん》は、みんなで桜並木《さくらなみき》の下《した》をぞろぞろと歩《ある》いて楽《たの》しみます。歌《うた》い、踊《おど》り、ときにお芝居《しばい》のまねごとをしたりして盛《も》り上《あ》がりました。

江戸周辺《えどしゅうへん》の桜《さくら》の名所《めいしょ》としては、上野《うえの》の寛永寺《かんえいじ》、隅田川《すみだがわ》堤《づつみ》、王子《おうじ》の飛鳥山《あすかやま》、品川《しながわ》の御《ご》殿山《てんやま》、日暮里《にっぽり》の道灌山《どうかんやま》などが大人気《だいにんき》だったそうです。小金《こがね》井《い》あたりでは、玉川上水《たまがわじょうすい》の桜《さくら》並木《なみき》も有名《ゆうめい》でした。

御殿山《ごてんやま》の花見《はなみ》。江戸《えど》の庶民《しょみん》が気軽《きがる》に日帰《ひがえ》りできる人気《にんき》スポットのひとつだった

冬《ふゆ》　もちつき

夏《なつ》　ホタル狩《が》り

秋《あき》　モミジ狩《が》り

季節《きせつ》のイベントいろいろ

花見《はなみ》以外《いがい》にも、季節《きせつ》の行事《ぎょうじ》はたくさんありました。郊外《こうがい》に出《で》かけて自然《しぜん》と親《した》しみ、名《めい》所《しょ》を訪《たず》ね、特別《とくべつ》な日《ひ》の特別《とくべつ》な行事《ぎょうじ》を楽《たの》しむ。江戸《えど》という都《と》市生活《しせいかつ》に、自然《しぜん》を感《かん》じるよろこびをみつけていたのです。

春《はる》には梅見《うめみ》や潮干狩《しおひが》り。夏《なつ》には花火見物《はなびけんぶつ》やホタル狩《が》り。秋《あき》には食《た》べる楽《たの》しみもあるキノコ狩《が》りや、目《め》であじわうモミジ狩《が》り。冬《ふゆ》には、正月《しょうがつ》じたくまで、イベントのように楽《たの》しみました。

春《はる》らんまんを売《う》りあるきます

二月の初午《はつうま》は、現代《げんだい》のカレンダーでは一番寒《いちばんさむ》い時期《じき》ですが、江戸《えど》の暦《こよみ》では、春《はる》の訪《おとず》れを実感《じっかん》する行事《ぎょうじ》でした

サクラソウ売《う》り

隅田川《すみだがわ》の川《かわ》べりの野原《のはら》がサクラソウの名所《めいしょ》で、花《はな》の季節《きせつ》にはそ川原一面《かわらいちめん》がピンク色《いろ》にそまりました。とくに女性《じょせい》に人気《にんき》だったというこの花《はな》を、植木屋《うえきや》が小《ち》さな鉢《はち》に植《う》えかえ、一鉢《はち》四文《もん》で売《う》りにきます。

サクラソウやー
サクラソウ
サクラソウやー
サクラソウ

江戸《えど》の行楽《こうらく》ガイドブック『江戸名所《えどめいしょ》花暦《はなごよみ》』という本《ほん》には、尾久原《おぐのはら》（荒川《あらかわ》区《く》）にサクラソウを見《み》に集《あつ》まる人々《ひとびと》が描《えが》かれている

白酒《しろざけ》売《う》り

白酒《しろざけ》は、とろりとした舌《した》ざわりと独特《どくとく》の甘《あま》さのあるにごり酒《ざけ》です。桃《もも》の節句《せっく》、ひな祭《まつ》りには、日本酒《にほんしゅ》に桃《もも》の花《はな》を浮《う》かべて飲《の》んだ時期《じき》もありましたが、しだいに白酒《しろざけ》を飲《の》むことが主流《しゅりゅう》になりました。

白酒《しろざけ》えー
白酒《しろざけ》えー
白酒《しろざけ》ーい
白酒《しろざけ》ーい
山川白酒

おけに「山川白酒《やまかわしろざけ》」とある。山《やま》の中《なか》の川《かわ》の流《なが》れは急《きゅう》で、あわだって白《しろ》くにごって見《み》えることから、白酒《しろざけ》は山川酒《やまかわざけ》ともよばれた

初午《はつうま》の絵馬《えま》売《う》り

二月の最初《さいしょ》の午《うま》の日《ひ》は「初午《はつうま》」とよばれ、稲荷神社《いなりじんじゃ》のお祭《まつ》りが行《おこな》われました。初午《はつうま》には絵馬《えま》を神社《じんじゃ》に奉納《ほうのう》して、商売繁盛《しょうばいはんじょう》、無病息災《むびょうそくさい》、五穀豊穣《ごこくほうじょう》を祈《いの》ります。

絵馬《えま》っ
絵馬《えま》っ
絵馬屋《えまや》でございー

江戸《えど》のあちらこちらに稲荷《いなり》があり、庶民《しょみん》の信仰《しんこう》を集《あつ》めていた。王子稲荷《おうじいなり》、烏森稲荷《からすもりいなり》、豊川稲荷《とよかわいなり》などが有名《ゆうめい》

苗《なえ》売《う》り

あたたかくなるとやってくる、野菜《やさい》の苗《なえ》を売《う》る売《う》り声《ごえ》です。長屋《ながや》の住人《じゅうにん》は、路地《ろじ》のかたすみでさまざまな野菜《やさい》を育《そだ》てて食《た》べました。また、つるになる野《や》菜《さい》やアサガオなどを長屋《ながや》の外《そと》に植《う》えて暑《あつ》さよけにもしました。

苗《なえ》やー　苗《なえ》っ
ナス　キュウリの苗《なえ》ーっ
ヘチマ　冬瓜《とうがん》
白瓜《しろうり》のー苗《なえ》っ

苗《なえ》をいれる箱《はこ》は通気性《つうきせい》がよく軽《かる》い素材《そざい》だった。「糸立《いとた》てむしろ」とよばれ、たて糸《いと》は麻《あさ》、よこ糸《いと》をワラで織《お》りあげてある

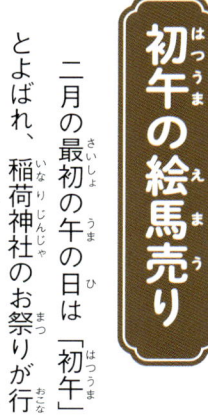

タイムトリップ！
売《う》り声《ごえ》百景《ひゃっけい》

夏《なつ》の巻《まき》

涼《すず》しさを川《かわ》にもとめて

ドーン
ヒュルルルー

たーまやー

江戸《えど》っ子《こ》の夏《なつ》と隅田川《すみだがわ》

今夜《こんや》は隅田川《すみだがわ》の川開《かわびら》き。ここは隅田川《すみだがわ》にかかる両国橋《りょうごくばし》です。夕涼《ゆうすず》みにきた人々《ひとびと》と、夜空《よぞら》に上《あ》がる大《おお》きな花火《はなび》。打《う》ち上《あ》げ花火《はなび》が、美《うつく》しく咲《さ》きほこっていますねえ。

この日《ひ》から三カ月《かげつ》は、川《かわ》べりでの夜店《よみせ》の営《えい》業《ぎょう》や、納涼船《のうりょうせん》の行《い》き来《き》がゆるされました。川《かわ》開《びら》き当日《とうじつ》の大花火《おおはなび》ほどではないにしろ、期間《きかん》中《ちゅう》は花火《はなび》が上《あ》がったそうですよ。

川《かわ》いっぱいの大小《だいしょう》の船《ふね》が納涼船《のうりょうせん》です。涼《すず》しそうですねえ。納涼《のうりょう》というのは、暑《あつ》さをさけるくふうと、そのあじわいのこと。船《ふね》の上《うえ》で川風《かわかぜ》にふかれて、江戸前《えどまえ》のさしみでもつまんだら、暑《あつ》さも吹《ふ》き飛《と》ぶというものでしょう。

たーまやー
かーぎやー
わーい
ヒュルルー

大《おお》きな屋形船《やかたぶね》のまわりを、菓子《かし》や酒《さけ》を売《う》る小舟《こぶね》、笛《ふえ》や太鼓《たいこ》で祭《まつ》りばやしをかなでる小舟《こぶね》が走《はし》った

隅田川《すみだがわ》の土手《どて》は、花見《はなみ》、夕涼《ゆうすず》み、月見《つきみ》、雪見《ゆきみ》と、四季《しき》おりおりに人《ひと》が集《あつ》まる名所《めいしょ》です。なかでも夏《なつ》の納涼船《のうりょうせん》は、江戸《えど》っ子《こ》の特別《とくべつ》なお楽《たの》しみだったんですよ。

「たまや」と「かぎや」

両国橋《りょうごくばし》の上《うえ》は、押《お》すな押《お》すなの大混雑《だいこんざつ》。花火《はなび》を見上《みあ》げた人々《ひとびと》が「たーまやー」「かーぎやー」とさけんでいます。

当時《とうじ》、江戸《えど》の町《まち》でしのぎをけずっていたのが、二軒《けん》の花火屋《はなびや》、玉屋《たまや》と鍵屋《かぎや》。「こっちの花火《はなび》、すごい！」「あっちの花火《はなび》も、すごい！」。観客《かんきゃく》たちはそんな感動《かんどう》を「たまや」「かぎや」のかけ声《ごえ》であらわしたのです。

玉屋《たまや》は江戸時代《えどじだい》に廃業《はいぎょう》してしまいましたが、鍵屋《かぎや》は三百五十年以上《ねんいじょう》の歴史《れきし》ある花火会社《はなびがいしゃ》として、いまも健在《けんざい》だそうですよ。

両国《りょうごく》の花火《はなび》は納涼《のうりょう》の花火《はなび》ですが、同時《どうじ》に「鎮魂《ちんこん》」の花火《はなび》だったという説《せつ》もあります。

江戸《えど》の三大飢饉《さんだいききん》のひとつ、享保《きょうほう》の大飢饉《だいききん》で、たくさんの人《ひと》が亡《な》くなりました。そこで、八代将軍《だいしょうぐん》の徳川吉宗《とくがわよしむね》が死者《ししゃ》の魂《たましい》をなぐさめるためにお祭《まつ》りを行《おこな》い、花火《はなび》を打《う》ち上《あ》げたのがはじまりだというのです。

パッとかがやいて一瞬《いっしゅん》で消《き》える花火《はなび》。どことなくはかなさを感《かん》じるエピソードですね。

さわやかな夏《なつ》の売《う》り声《ごえ》自慢《じまん》

青梅《あおうめ》の「かりかりっ」や、ところてんのふしぎなリズムなど、売《う》り声《ごえ》にはそれぞれのあじわいがありました

青梅《あおうめ》売《う》り

青梅《あおうめ》やー
かりかりっ
青梅《あおうめ》やー
かりかりっ
コロッ

梅雨《つゆ》が近《ちか》づくとやってくる、漬物《つけもの》用《よう》の青梅《あおうめ》売《う》り。熟《じゅく》す前《まえ》の実《み》のかたさをあらわすような売《う》り声《ごえ》です。塩漬《しおづ》けにした青梅漬《あおうめづ》けや、酒粕《さけかす》に漬《つ》けた糟梅《かすうめ》などで食《た》べました。

青梅《あおうめ》売《う》りとは別《べつ》に、できた梅干《うめぼ》しを売《う》りあるく売《う》り声《ごえ》もあった

ヒエまき売《う》り

ヒエまきというのは、ヒエやアワなどの穀物《こくもつ》の種《たね》を芽生《めば》えさせたミニ盆栽《ぼんさい》です。青田《あおた》のようにみせるため、カカシや水車《すいしゃ》の細工《さいく》ものを手作《てづく》りして売《う》りました。

ヒエまーきや
ヒエまきー
ヒエまーきや
ヒエまきー

水盤《すいばん》とよばれるひらたい器《うつわ》の上《うえ》に、小《ちい》さな田《た》んぼのような景色《けしき》をつくった

アサガオ売《う》り

アサガオ売《う》りは、長屋《ながや》の夏《なつ》の目《め》ざましがわり。鉢植《はちう》えのアサガオを荷台《にだい》にのせて、早朝《そうちょう》から売《う》り声高《ごえたか》らかにやってきました。花《はな》がしおれないうちに、昼前《ひるまえ》には売《う》り切《き》ってしまおうという商売《しょうばい》です。庭《にわ》を持《も》たない長屋《ながや》のくらしでも季節《きせつ》が感《かん》じられるため、庶民《しょみん》にも広《ひろ》く親《した》しまれました。

アサガオや――
アサガオ
アサガオや――
アサガオ

花《はな》の元気《げんき》な早朝《そうちょう》が売《う》りどき。川柳《せんりゅう》に「売《う》れぬ日《ひ》はしおれて帰《かえ》る朝顔《あさがお》屋《や》」とある

ところてん売《う》り

のどごしがよくて夏場《なつば》に人《にん》気《き》のファストフード、ところてん。四角《しかく》くかためた寒天《かんてん》を木《き》の筒《つつ》にいれて、押《お》しだし棒《ぼう》でぎゅっと押《お》すと、金網《かなあみ》をはった先《さき》から束《たば》になったところてんがツルリ。江戸《えど》では酢《す》じょうゆで食《た》べるか、さとうをかけて食《た》べました。京坂《けいはん》（京都《きょうと》・大坂《おおさか》）ではしょうゆは使《つか》わず、黒《くろ》みつなどが好《この》まれました。

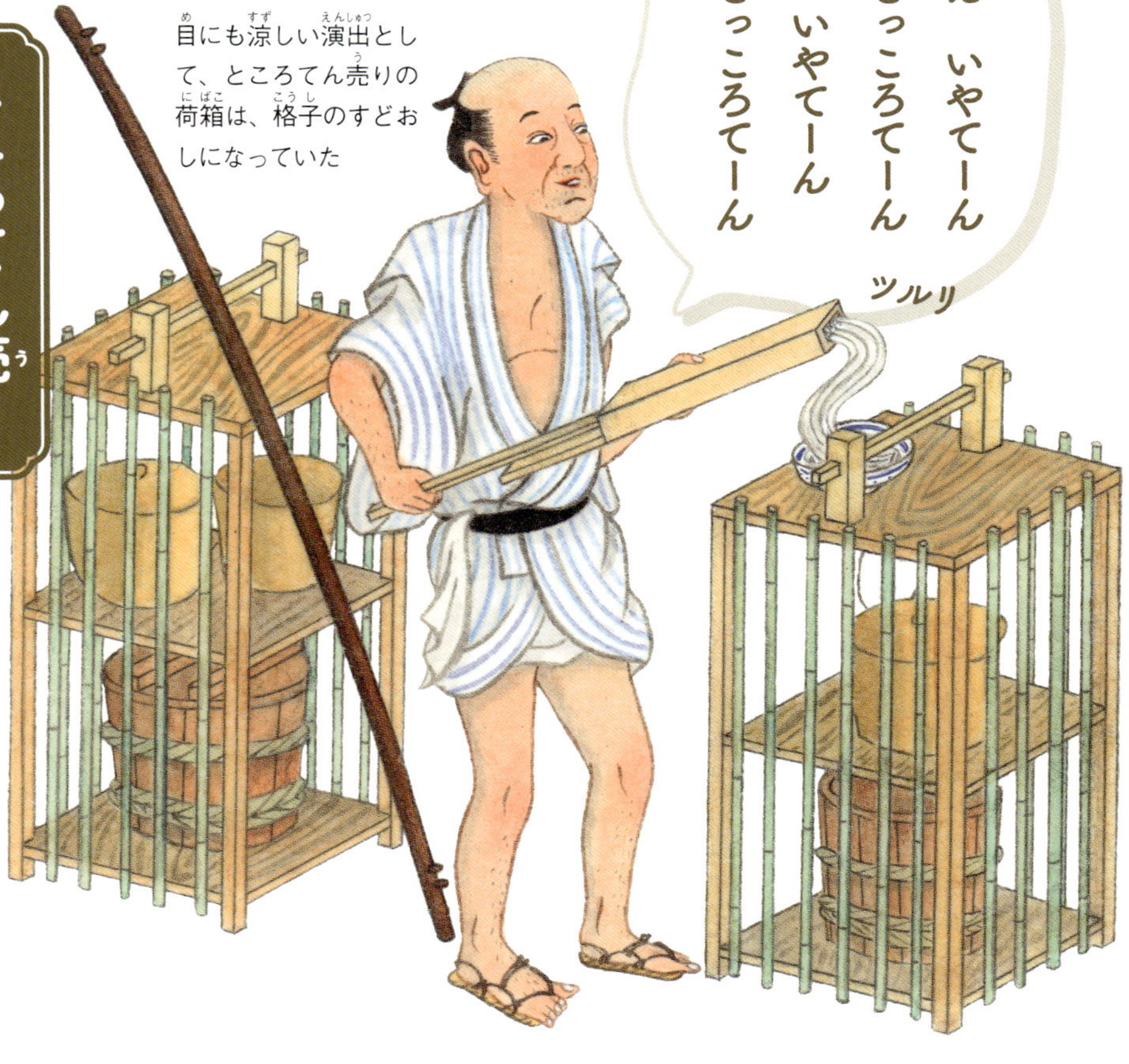
え　いやてーん
いや　ところてーん
え　いやてーん
いや　ところてーん
ツルリ

目《め》にも涼《すず》しい演出《えんしゅつ》として、ところてん売《う》りの荷箱《にばこ》は、格子《こうし》のすどおしになっていた

夏《なつ》バテ対策《たいさく》の飲《の》み物《もの》売《う》り

エアコンも扇風機《せんぷうき》もない夏《なつ》。「暑気《しょき》あたり」とよばれた夏《なつ》バテや熱中症《ねっちゅうしょう》にならないための売《う》り声《ごえ》がありました

冷《ひ》や水《みず》売《う》り

冷《ひ》や水《みず》売《う》りは、人通《ひとどお》りの多《おお》いところで「ひゃっこいー」と涼《すず》しげにくりかえし、さとうや白玉団子《しらたまだんご》をいれた甘《あま》い水《みず》を売《う》りました。

いわば路上《ろじょう》のドリンクスタンドのような存在《そんざい》です。

このほかに、井戸《いど》のない地《ち》域《いき》の長屋《ながや》をまわって真水《まみず》を売《う》る商売《しょうばい》もありました。

ひゃっこいー
ひゃっこい
ひゃっこいー
ひゃっこい
清水

くみおきの水《みず》は生《なま》ぬるい。口《くち》ざわりでひんやりと感《かん》じさせるために、スズやシンチュウなどの金属《きんぞく》の器《うつわ》で飲《の》ませた

甘《あま》酒《ざけ》売《う》り

甘酒《あまざけ》は、江戸時代《えどじだい》の栄養《えいよう》ドリンクです。やわらかく炊《た》いた米《こめ》とこうじをあわせて発酵《はっこう》させた甘酒《あまざけ》には、アルコールはほとんどふくまれていません※。ビタミン類《るい》や必須《ひっす》アミノ酸《さん》なども豊富《ほうふ》です。

天然《てんねん》の甘味《あまみ》が好《この》まれ、「暑《しょ》気《き》あたりによい」と、夏《なつ》によく飲《の》まれました。

甘《あま》い　甘《あま》い
あーまーざーけー
甘《あま》い　甘《あま》い
あーまーざーけー
あま酒

シンチュウの釜《かま》をすえた箱《はこ》に、甘酒《あまざけ》がなみなみと入《はい》っている

※ こうじの甘酒《あまざけ》とは違《ちが》い、酒粕《さけかす》からつくる甘酒《あまざけ》には微量《びりょう》のアルコールがふくまれる

定斎屋《じょさいや》

定斎屋《じょさいや》は二人一組《ふたりひとくみ》でやってくる、夏場《なつば》に行商《ぎょうしょう》をする薬屋《くすりや》です。売《う》っているのは暑気《しょき》あたりや食《しょく》あたりに効《き》くという煎《せん》じ薬《ぐすり》。売《う》り声《ごえ》とともに、荷箱《にばこ》の引《ひ》き出《だ》しの鉄《てつ》の取《と》っ手《て》が、ガチャッガチャッとリズムを刻《きざ》むのが特徴《とくちょう》です。

昭和《しょうわ》のはじめまで、東京《とうきょう》の町《まち》にもきていました。

えー　定斎《じょさい》っ
定斎屋《じょさいや》で　ござい
えー　定斎《じょさい》っ
定斎屋《じょさいや》で　ござい
ガチャッ
ガチャッ
大
定斎
大

暑気《しょき》あたりに効《き》くからと、暑《あつ》くても笠《かさ》をかぶらず、涼《すず》しい顔《かお》をして歩《ある》いた

枇杷葉湯売《びわようとうう》り

こちらも暑気《しょき》あたりや疲《ひ》労回復《ろうかいふく》に効果《こうか》があるという「烏丸印《からすまじるし》の枇杷葉湯《びわようとう》」。乾燥《かんそう》させた枇杷《びわ》の葉《は》、木《もっ》香《こう》、肉桂《にっけい》、甘草《かんぞう》などの薬草《やくそう》をヤカンで煮出《にだ》した、少《すこ》し甘《あま》みのある飲《の》み物《もの》です。

暑《あつ》い夏《なつ》に熱《あつ》くして飲《の》む、ハーブティーのようなものかもしれません。

かーらーすまーるぅ
本家《ほんけ》ー
びわよーとぉーぅ
枇杷葉湯
枇杷葉湯

「丸《まる》にカラス」のマークで「からすまる」。京都《きょうと》の地名《ちめい》は「からすま」と読《よ》むが、江戸《えど》では「からすまる」と名《な》のった

暑《あつ》さしのぎに「技《わざ》あり！」の声《こえ》

長屋《ながや》がどんなにせまくても、西日《にしび》があたる蒸《む》し暑《あつ》い部屋《へや》でも、涼《すず》しくくらすくふうがありました

金魚《きんぎょ》売《う》り

金魚《きんぎょ》が泳《およ》ぐおけのもち手《て》につり下《さ》げられているのは、「金魚玉《きんぎょだま》」というガラスでできた容器《ようき》です。金魚玉《きんぎょだま》に金魚《きんぎょ》をいれて持《も》ちかえり、軒《のき》などにつるします。ガラスが貴重《きちょう》だったので、焼《や》き物《もの》の器《うつわ》で楽《たの》しむこともありました。

きーんぎょーえー
金魚《きんぎょ》――ぉ
きーんぎょーえー
金魚《きんぎょ》――ぉ

金魚《きんぎょ》の先祖《せんぞ》は、突然変異《とつぜんへんい》で赤《あか》くなったフナ。江戸時代《えどじだい》に飼育《しいく》がさかんになると、庶民《しょみん》にも親《した》しまれるようになった

うちわ売《う》り

江戸《えど》の夏《なつ》、暑《あつ》さしのぎの必需品《ひつじゅひん》は、なんといっても、うちわ。かまどの火《ひ》をあおぐ台所《だいどころ》の実用品《じつようひん》としても使《つか》われれました。

うちわの表《おもて》には人気役者《にんきやくしゃ》の似顔絵《にがおえ》や草花《くさばな》などの刷《す》り物《もの》が使《つか》われ、見《み》る楽《たの》しみ、選《えら》ぶ楽《たの》しみもありました。

うちわ　うちわー
本渋《ほんしぶ》　さらさー
房《ぼう》うちわー

本渋《ほんしぶ》は、紙《かみ》に柿渋《かきしぶ》をぬってじょうぶにしあげた実用《じつよう》もの。さらさは、草花《くさばな》などの模様《もよう》のうちわ。房《ぼう》うちわは、房州《ぼうしゅう》（千葉県《ちばけん》）の細《ほそ》い竹《たけ》で作《つく》る、柄《え》が丸《まる》いタイプ

風鈴売《ふうりんう》り

たとえわずかな風《かぜ》でも、風鈴《ふうりん》の音《おと》がひびくと、さわやかさを感《かん》じるからふしぎです。

江戸時代末期《えどじだいまっき》には、ビイドロとよばれた吹《ふ》きガラスで作《つく》られた風鈴《ふうりん》が、江戸《えど》の町《まち》で大人気《だいにんき》でした。

風鈴売《ふうりんう》りに売《う》り声《ごえ》はいらない。てんびん棒《ぼう》をかついで歩《ある》くだけで、たくさんの風鈴《ふうりん》が、きそうように音《おと》をかなでる

萌黄《もえぎ》の蚊帳売《かやう》り

寝《ね》るときには、暑《あつ》さをしのぐために戸《と》を開《あ》け放《はな》ち、蚊《か》にさされないように寝床《ねどこ》の上《うえ》に蚊帳《かや》をつり下《さ》げます。

麻《あさ》で織《お》られた萌黄《もえぎ》の蚊帳《かや》は、近江《おうみ》（滋賀県《しがけん》）の名産《めいさん》。若葉《わかば》のような黄《き》緑色《みどりいろ》をした高級品《こうきゅうひん》でした。お金持《かねも》ちの客《きゃく》を相手《あいて》にしていたので、声《こえ》のよい人《ひと》を雇《やと》って、よい調子《ちょうし》でゆっくりと町《まち》を売《う》りあるきました。

長屋《ながや》の住人《じゅうにん》は、その売《う》り声《ごえ》だけをあじわって、実際《じっさい》に買《か》うのは「紙帳《しちょう》」という安物《やすもの》の蚊帳《かや》。白《しろ》い和紙《わし》をはぎあわせて作《つく》られていました。

こちらの売《う》り声《ごえ》は、「しちょう、しちょう」とそっけなくくりかえすだけだったようです。

江戸《えど》の町《まち》は、地面《じめん》を掘《ほ》って水《みず》をとおした掘割《ほりわり》や、どぶ（排水《はいすい》のための小《ちい》さな水路《すいろ》）が多《おお》く、夏《なつ》には蚊《か》が大発生《だいはっせい》。蚊帳《かや》は生活必需品《せいかつひつじゅひん》だった

タイムトリップ！

売《う》り声《ごえ》百景《ひゃっけい》

秋《あき》の巻《まき》

菊《きく》の花《はな》が大流行《だいりゅうこう》

いろとりどりの菊《きく》の花《はな》

すがすがしい秋《あき》の一日《にち》、江戸《えど》の郊外《こうがい》、染井《そめい》（豊島区駒込《としまくこまごめ》）あたりで、菊見《きくみ》を楽《たの》しむ人々《ひとびと》です。菊《きく》の花《はな》はいまが盛《さか》り。白《しろ》、黄色《きいろ》、オレンジ、ピンク……、花《はな》の形《かたち》もいろいろです。みごとに咲《さ》いていますねえ。

独特《どくとく》の香《かお》り、あでやかな存在感《そんざいかん》、気品《きひん》を感《かん》じさせるようにすっと伸《の》びた姿《すがた》。江戸《えど》の人々《ひとびと》はこの花《はな》を特別《とくべつ》に愛《あい》しました。

菊人気《きくにんき》が高《たか》まると、植木職人《うえきしょくにん》は、細工《さいく》をした菊《きく》をさまざまな形《かたち》にしあげて、人《ひと》を集《あつ》めたそうです。等身大《とうしんだい》の人形《にんぎょう》の着物《きもの》を、たくさんの小菊《こぎく》でかざりあげた「菊人形《きくにんぎょう》」は、いまで

も、福島県《ふくしまけん》二本松市《にほんまつし》や福井県越前市《ふくいけんえちぜんし》などで見《み》ることができます。

菊《きく》にまつわるイベントといえば九月九日の重陽《ちょうよう》の節句《せっく》。五節句《ごせっく》のひとつで、菊《きく》の節句《せっく》ともよばれます。この日《ひ》は、家《いえ》に菊《きく》の花《はな》をかざり、菊《きく》の花《はな》を浮《う》かべた菊酒《きくざけ》を楽《たの》しんで、長寿《ちょうじゅ》と健康《けんこう》を祈《いの》りました。

園芸《えんげい》が大《だい》ブーム

江戸《えど》の園芸《えんげい》ブームの主役《しゅやく》になった花《はな》といえば、花《はな》ショウブ、アサガオ、そして菊《きく》。

なかでもアサガオは、「変《か》わり咲《ざ》き」の珍品《ちんぴん》などもふくめた大流行《だいりゅうこう》となりました。芸術品《げいじゅつひん》のような変《か》わり咲《ざ》きアサガオに夢中《むちゅう》になって、品種改良《ひんしゅかいりょう》をするほどのめりこんだのは、それを趣味《しゅみ》とした武士《ぶし》たちだったそうですよ。

四季《しき》の変化《へんか》を楽《たの》しむ江戸《えど》の人々《ひとびと》は、くらしのそばに花《はな》をおくことで、自然《しぜん》や季節《きせつ》をもっと身近《みぢか》なものとしてあじわいました。長屋《ながや》の人々《ひとびと》も同《おな》じです。ぼてふり（ふりうり）※が花《はな》の鉢《はち》をのせた四《よ》つ手《で》のつり台《だい》をかついでやってくれば、品定《しなさだ》めをして買《か》いもとめ、家《いえ》の中《なか》や、路地《ろじ》において楽《たの》しみました。

これには植木鉢《うえきばち》の普及《ふきゅう》も一役買《ひとやくか》ったそうです。植木鉢《うえきばち》のおかげで、りっぱな庭《にわ》がなくても、花《はな》が楽《たの》しめるようになったんですねえ。

※ぼてふり（ふりうり）：てんびん棒《ぼう》で荷物《にもつ》をかついで売《う》りあるく物売《ものう》りのこと

秋《あき》の行事《ぎょうじ》の売《う》り声《ごえ》いろいろ

秋《あき》のイベントは多種多様《たしゅたよう》。七夕《たなばた》、お盆《ぼん》、そして月見《つきみ》。いまはめずらしい放生会《ほうじょうえ》にも、独特《どくとく》の売《う》り声《ごえ》がありました

オガラ売《う》り

お盆《ぼん》

オガラは、麻《あさ》のくきの皮《かわ》をはいで乾燥《かんそう》させたもの。先祖《せんぞ》の霊《れい》を迎《むか》える迎《むか》え火《び》や送《おく》り火《び》に、短《みじか》く折《お》ったオガラを、ほうろくの上《うえ》で焼《や》く

笹竹売《ささだけう》り

七夕《たなばた》

星祭《ほしまつり》ともよばれる七月七日の七夕《たなばた》は、江戸《えど》の暦《こよみ》では秋《あき》の行事《ぎょうじ》です。願《ねが》い事《ごと》を書《か》いた短冊《たんざく》で笹竹《ささだけ》をかざって、そうめんをゆでておそなえします。

笹竹売《ささだけう》りは江戸《えど》だけの商売《しょうばい》。願《ねが》い事《ごと》を書《か》くための短冊《たんざく》を売《う》る短《たん》冊売《ざくう》りという商売《しょうばい》もあった

盆提灯売《ぼんちょうちんう》り

お盆《ぼん》

七月十三日から十六日までは、「地獄《じごく》の釜《かま》のふたが開《あ》く」といわれるお盆《ぼん》です。盆提灯《ぼんちょうちん》をつり、盆《ぼん》だな（精霊《しょうりょう》だな）をしつらえ、先祖《せんぞ》を供養《くよう》します。

精霊馬《しょうりょううま》

盆《ぼん》だなにかざられる精霊馬《しょうりょううま》（ナスの牛《うし》やキュウリの馬《うま》）は、あの世《よ》とこの世《よ》を行《い》き来《き》する先祖《せんぞ》の乗《の》り物《もの》といわれる

放《はな》し亀《がめ》・放《はな》し鳥《どり》売《う》り

放生会《ほうじょうえ》

放生会《ほうじょうえ》は、生《い》き物《もの》を殺《ころ》す「殺生《せっしょう》」をいましめ、秋《あき》の実《みの》りに感謝《かんしゃ》する神《しん》事《じ》です。人々《ひとびと》は、神社《じんじゃ》やお寺《てら》の境内《けいだい》で、カメやスズメ、ウナギなどを物《もの》売《う》りから買《か》い、それを自然《しぜん》へ帰《かえ》してやることで、神仏《しんぶつ》への感謝《かんしゃ》をあらわしました。

亀《かめ》や亀《かめ》ー　ほうじょうえー
ほうじょうえー　放《はな》し鳥《どり》ー

放《はな》し亀《がめ》や放《はな》し鳥《どり》を行《おこな》えば、徳《とく》をつむ（よい行《おこな》いをする）ことになり、来世《らいせ》も幸《しあわ》せにすごせると信《しん》じられた

虫《むし》売《う》り

秋《あき》の音《おと》をとどける虫売《むしう》りは、市松《いちまつ》模様《もよう》の屋台《やたい》に、竹細工《たけざいく》の虫《むし》かごをぶら下《さ》げてやってきます。売《う》り声《ごえ》はありません。虫《むし》の鳴《な》き声《ごえ》が売《う》り声《ごえ》です。

リーリー
リーリー
リーン
リーン
リーリー
リーリー
リーン
リーン

スズムシ、マツムシ、クツワムシ、ウマオイ、カンタンなどが売《う》られ、人気《にんき》だった。虫《むし》の音《ね》を楽《たの》しんだあとは、放生会《ほうじょうえ》がくると放《はな》してやる

ススキ売《う》り

月見《つきみ》

えー　ススキー
ススキー
えー　ススキー

十五夜《じゅうごや》、中秋《ちゅうしゅう》の名月《めいげつ》は八月十五日。家々《いえいえ》では団子《だんご》をつくり、ふりうりから買《か》ったススキをそえて、月《つき》にそなえた

祭《まつ》りは江戸《えど》っ子《こ》の血《ち》がさわぐ

徳川将軍《とくがわしょうぐん》も見《み》た天下祭《てんかまつり》

神田明神《かんだみょうじん》の祭礼《さいれい》は、山王神社《さんのうじんじゃ》の祭《さい》礼《れい》とともに「天下祭《てんかまつり》」とよばれ、江《え》戸《ど》っ子《こ》には特別《とくべつ》のお祭《まつ》りでした。行《ぎょう》列《れつ》は江戸城内《えどじょうない》に入《はい》り、将軍《しょうぐん》や御台所《みだいどころ》（将軍《しょうぐん》の奥方《おくがた》）、その姫《ひめ》ぎみたちも見《み》たのだそうです。江戸《えど》っ子《こ》の気合《きあ》いは、そうとうだったでしょうねえ。

山車《だし》や引《ひ》き物《もの》のからくり、さらに仮装《かそう》の寸劇《すんげき》などの演目《えんもく》が、町《まち》ごとにくりひろげられ、行列《ぎょうれつ》は四キロにもおよんだそうですよ。威勢《いせい》のいいお神輿《みこし》の練《ね》りあるきが中心《ちゅうしん》の現代《げんだい》のお祭《まつ》りとは、だいぶ趣向《しゅこう》が違《ちが》います。

大《おお》きな引《ひ》き物《もの》には、大江山《おおえやま》の鬼《おに》の頭《あたま》や、大《おお》ナマズ、当時人気《とうじにんき》だったゾウのつくりものなどもあったとか。おもしろいですねえ。

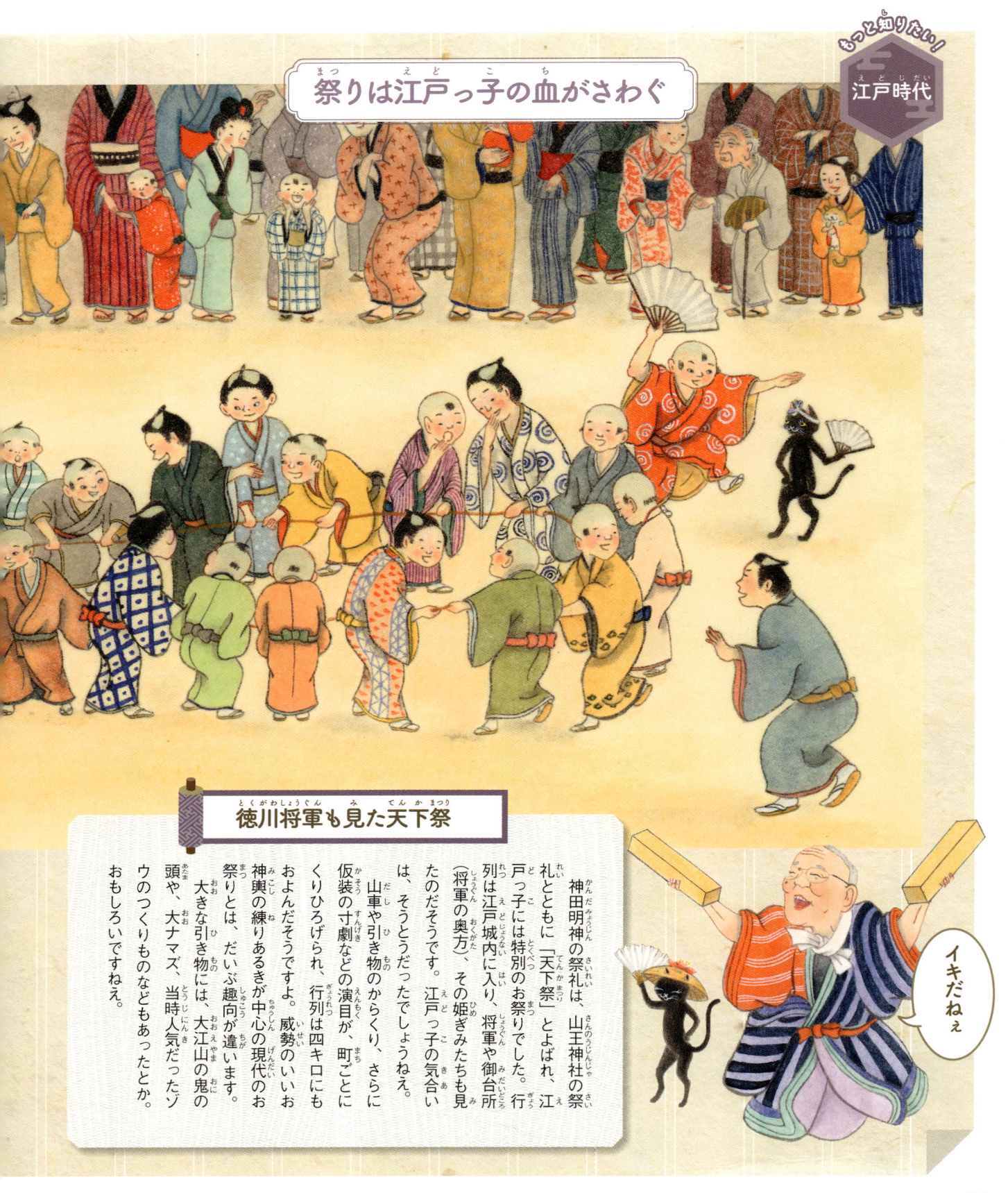

子《こ》どもたちが山車《だし》を引《ひ》いている。神田祭《かんだまつり》、神田明神《かんだみょうじん》の祭礼《さいれい》には、女性《じょせい》や子《こ》どもも多《おお》く参加《さんか》した

ゾウもラクダも

「……ゾウ？　外国《がいこく》の動物《どうぶつ》が、鎖国《さこく》をしていた江戸《えど》の町《まち》で人気《にんき》なの？」

ふしぎに思《おも》う人《ひと》もいるかもしれませんね。実《じつ》はこの時代《じだい》、外国《がいこく》との扉《とびら》は完全《かんぜん》に閉《と》じていたわけではありません。江戸《えど》の町《まち》には何度《なんど》かゾウがやってきた記録《きろく》があります。

なかでも八代将軍《だいしょうぐん》の徳川吉宗《とくがわよしむね》がベトナムからよびよせたゾウは、人々《ひとびと》に熱狂的《ねっきょうてき》に迎《むか》えられ、市中《しちゅう》を練《ね》りあるき、その後《ご》十年以上《ねんいじょう》も生《い》きたそうですよ。

そのほか、町《まち》ではラクダやゾウが「動物見世物《どうぶつみせもの》」として大《だい》ブームになったこともありました。「ラクダは子《こ》どもの疱瘡除《ほうそうよ》け※」「ゾウをみれば福《ふく》を招《まね》く」など、民間信仰《みんかんしんこう》の対象《たいしょう》にもなり、人々《ひとびと》は珍《めずら》しい動物《どうぶつ》を一目《ひとめ》見《み》ようと押《お》し寄《よ》せたそうです。

※疱瘡除《ほうそうよ》け：「天然痘《てんねんとう》にかからないまじない」のこと。天然痘《てんねんとう》はその後《ご》、ワクチンの普及《ふきゅう》で根絶《こんぜつ》された

タイムトリップ！

売《う》り声《ごえ》百景《ひゃっけい》

冬《ふゆ》の巻《まき》

隅田川《すみだがわ》も凍《い》てつく寒《さむ》さ

今年《ことし》は
多《おお》いね
積《つ》もったね
よいしょ
あら
りっぱ

はーっ
さむさむ……

雪《ゆき》の日《ひ》は雪《ゆき》を楽《たの》しむ

おお寒《さむ》い！　雪《ゆき》が積《つ》もっていちめん真《ま》っ白《しろ》ですね。雪《ゆき》の日《ひ》は、「雪見《ゆきみ》」と称《しょう》して、高台《たかだい》から雪景色《ゆきげしき》を見《み》るのが江戸《えど》っ子《こ》の楽《たの》しみでした。寒《さむ》くても子《こ》どもたちは元気《げんき》いっぱい。どんなあそびをしているか、わかりますか？

雪合戦《ゆきがっせん》や、雪《ゆき》だるまづくりは、みなさんも経験《けいけん》があるかもしれません。ただし、雪玉《ゆきだま》をふたつ重《かさ》ねてバケツをかぶせた現代《げんだい》の「スノーマン」とは違《ちが》って、これぞホントの雪《ゆき》だるま、「達磨大師《だるまだいし》」の雪像《せつぞう》のようです。

水《みず》おけに張《は》った氷《こおり》をそっとはずして、太鼓《たいこ》のようにたたいてあそんでいる二人組《ふたりぐみ》がいますよ。そのうしろで下《した》を向《む》いている子《こ》は、雪《ゆき》

わーい
できた
わーい
……
カンカン

つりに夢中《むちゅう》です。糸《いと》の先《さき》に小《ち》さな木炭《もくたん》を結《むす》びつけ、それを雪《ゆき》の上《うえ》でちょんちょんとやると、少《すこ》しずつ雪《ゆき》がくっついて、玉《たま》になるんです。

女性《じょせい》の足元《あしもと》をみてください。足《あし》が冷《つめ》たくならないように高下駄《たかげた》をはいています。でも、歩《ある》くたびに歯《は》と歯《は》のあいだに雪《ゆき》がつまって、雪《ゆき》をかきださなくてはなりませんでした。

江戸《えど》はいまより寒《さむ》かった

とある江戸人《えどじん》の日記《にっき》に、「今年《ことし》は雪多《ゆきおお》く、三度《ど》尺《しゃく》あまり（30センチ以上《いじょう》）におよぶ雪《ゆき》、三度目《め》なり」という記述《きじゅつ》があるそうです。この時《じ》代《だい》、何度《なんど》となく隅田川《すみだがわ》が凍《こお》ったという記録《きろく》もあって、江戸《えど》の町《まち》はいまの東京《とうきょう》より寒《さむ》く、雪《ゆき》も多《おお》かったことがわかります。

いまと同《おな》じような観測《かんそく》データがあるわけではありませんが、現代《げんだい》の自然科学《しぜんかがく》の推計《すいけい》でも、江戸時代《えどじだい》はいまより年間《ねんかん》の平均気温《へいきんきおん》が低《ひく》かったことがわかっているそうですよ。一説《いっせつ》には、比較的暖《ひかくてきあたた》かい年《とし》でも2℃《ど》ぐらい、寒《さむ》い年《とし》では5℃《ど》も低《ひく》かったとか。

これだけ寒《さむ》いと、特《とく》に、夏《なつ》の天候不順《てんこうふじゅん》が問《もん》題《だい》になりました。梅雨明《つゆあ》けから夏《なつ》の盛《さか》りにかけての天候不順《てんこうふじゅん》は、そのまま稲《いね》の不作《ふさく》につながります。雨《あめ》の多《おお》い寒《さむ》い夏《なつ》のあとは、深刻《しんこく》な飢饉《ききん》が日本全国《にほんぜんこく》にひろがったのです。

正月《しょうがつ》じたくも売《う》り声《ごえ》で

すすはらいという大掃除《おおそうじ》が終《お》わると、正月用品《しょうがつようひん》を売《う》る歳《とし》の市《いち》が開《ひら》かれ、正月《しょうがつ》じたく一色《いっしょく》になります

暦《こよみ》売《う》り

一年中《いちねんじゅう》の　ご重宝《ちょうほう》
柱《はしら》ごよみに
とじごよみー

江戸《えど》の暦《こよみ》は、毎年調整《まいとしちょうせい》されるため、新年《しんねん》の必需品《ひつじゅひん》だった。柱暦《はしらごよみ》は柱《はしら》や壁《かべ》に貼《は》り、とじ暦《ごよみ》は本《ほん》のように手《て》もとにおいた

かざり松《まつ》売《う》り

正月《しょうがつ》の門松《かどまつ》のための松《まつ》を売《う》る。九（苦《く》）という数字《すうじ》をきらって、松《まつ》をかざるのは暮《く》れの二十八日が多《おお》かった

ヒイラギ売《う》り

節分《せつぶん》

立春《りっしゅん》の前《まえ》の日《ひ》が節分《せつぶん》です。江《え》戸《ど》の暦《こよみ》では、節分《せつぶん》は大晦日《おおみそか》の前《まえ》にくることもありました。鬼《おに》がいやがるヒイラギの葉《は》を戸口《とぐち》にかざり、「福《ふく》は内《うち》、鬼《おに》は外《そと》」と豆《まめ》をまいて無病息災《むびょうそくさい》を祈《いの》ります。

ヒイラギ
まめがらー
あかイワーシ

とげとげしたヒイラギの葉《は》のほか、塩漬《しおづ》けのイワシの頭《あたま》や、豆殻《まめがら》（豆《まめ》の枯《か》れたくき）をかざる

せきぞろ

せきぞろは漢字《かんじ》で書《か》くと「節《せ》季候《きぞろ》」。「節季《せっき》に候《そうろう》」、「節季《せっき》（季《き》節《せつ》の変《か》わりめ）でございます」、つまり「もうじきお正月《しょうがつ》ですよ！」という意味《いみ》です。

物売《ものう》りではありません。年《とし》の暮《く》れの家々《いえいえ》の前《まえ》で、にぎやかに季節《きせつ》をふれまわってお金《かね》をもらうという、ちょっと変《か》わった商《しょう》売《ばい》でした。

せきぞろ　せきぞろ
さっさと　ござれや
さっさと　ござれや
せきぞろ　せきぞろ

太鼓《たいこ》やささらで、にぎやかにはやしたてる。正月《しょうがつ》じたくでいそがしい人々《ひとびと》は、お金《かね》を渡《わた》しておいはらった

フクジュソウ売《う》り

フクジュソウやぁー
フクジュソウ
フクジュソウやぁー
フクジュソウ

フクジュソウ（福寿草《ふくじゅそう》）は別名《べつめい》「正月花《しょうがつばな》」、「元日草《がんじつそう》」。花《はな》の少《すく》ない季節《きせつ》の貴重《きちょう》ないろどりで、鉢植《はちう》えは新年《しんねん》の贈《おく》り物《もの》としても人気《にんき》だった

のり売《う》り

干《ほ》しのりやー
干《ほ》しのりやー
干海苔
寿
干海苔
大森村
本場

冬《ふゆ》から春《はる》にかけて、箱《はこ》にいれた浅草《あさくさ》のりや大森《おおもり》ののりを、てんびん棒《ぼう》でかついで売《う》りあるいた

江戸《えど》の十二カ月《かげつ》

秋《あき》			冬《ふゆ》		
文月《ふづき》（七月）	葉月《はづき》（八月）	長月《ながつき》（九月）	神無月《かんなづき》（十月）	霜月《しもつき》（十一月）	師走《しわす》（十二月）
七夕《たなばた》の節句《せっく》 井戸替《いどが》え ほおずき市《いち》 お盆《ぼん》	中秋《ちゅうしゅう》の名月《めいげつ》 放生会《ほうじょうえ》	重陽《ちょうよう》の節句《せっく》 神田祭《かんだまつり》	べったら市《いち》	七五三《しちごさん》 酉《とり》の市《いち》	すすはらい 歳《とし》の市《いち》 大晦日《おおみそか》

桃《もも》の節句《せっく》

古《ふる》くから「ケガレ」を人形《にんぎょう》にたくして、海《うみ》や川《かわ》に流《なが》す儀式《ぎしき》があった。ひな人形《にんぎょう》をかざるようになったのは江《え》戸時代《どじだい》から

節句《せっく》と食《た》べ物《もの》

季節《きせつ》を楽《たの》しむ江戸《えど》の人々《ひとびと》のくらしは、わたしたちの生活《せいかつ》のあちこちに残《のこ》っています。奇数《きすう》の重《かさ》なりが縁起《えんぎ》がよいとされた五節句《ごせっく》という五つのお祝《いわ》いの日《ひ》を見《み》てみましょう。

いまでいうと、国民《こくみん》の祝日《しゅくじつ》のようなものかもしれませんね。地方《ちほう》によっても違《ちが》いがあるのですが、五節句《ごせっく》のお祝《いわ》いには、「縁《えん》起《ぎ》がよい」として食《た》べられた特《とく》別《べつ》な食《た》べ物《もの》があります。

三月三日の桃《もも》の節句《せっく》には、ひしもちや、草《くさ》もち。五月五日の端午《たんご》の節句《せっく》には、柏《かしわ》もちや、ちまき。七月七日の七夕《たなばた》の節句《せっく》には、天《あま》の川《がわ》に見《み》たてた、そうめんを食《た》べました。

いまはあまり節句《せっく》として意識《いしき》されることがなくなりましたが、一月七日の人日《じんじつ》の節句《せっく》には、七《なな》草《くさ》がゆ。九月九日の重陽《ちょうよう》の節《せっ》句《く》には、菊酒《きくざけ》や栗《くり》ごはんで、邪《じゃ》気《き》（悪《わる》い気《き》）をはらいました。

十二カ月《かげつ》と主《おも》なイベント

江戸《えど》の暦《こよみ》（旧暦《きゅうれき》）と現代《げんだい》のカレンダーは、およそ1～2カ月《かげつ》のずれがある

季節《きせつ》	春《はる》			夏《なつ》		
月《つき》	睦月《むつき》（一月）	如月《きさらぎ》（二月）	弥生《やよい》（三月）	卯月《うづき》（四月）	皐月《さつき》（五月）	水無月《みなづき》（六月）
主《おも》な行事《ぎょうじ》	初日《はつひ》の出《で》 人日《じんじつ》の節句《せっく》 鏡開《かがみびら》き どんと焼《や》き	初午《はつうま》 針供養《はりくよう》	桃《もも》の節句《せっく》 潮干狩《しおひが》り 花見《はなみ》 浅草三社祭《あさくささんじゃまつり》	衣替《ころもが》え 花祭《はなまつり》	端午《たんご》の節句《せっく》 ショウブ湯《ゆ》 川開《かわびら》き	富士詣《ふじもう》で 氷室開《ひむろびら》き 夏越《なごし》のはらい

七夕《たなばた》の節句《せっく》

短冊《たんざく》に願《ねが》い事《ごと》を書《か》いて、笹竹《ささだけ》に結《むす》び、星《ほし》に祈《いの》る。思《おも》いをこめた笹《ささ》と短冊《たんざく》は、七夕《たなばた》が終《お》わると川《かわ》に流《なが》された

端午《たんご》の節句《せっく》

現代《げんだい》のこどもの日《ひ》。江戸時《えどじ》代《だい》には鯉《こい》のぼりやのぼり旗《ばた》をかざり、男子《だんし》のすこやかな成長《せいちょう》を祈《いの》った

ショウブの葉《は》を編《あ》んだもので地《じ》面《めん》を打《う》つ、「ショウブ打《う》ち」

さくいん

文 **宮田章司**（みやた しょうじ）

売り声漫談家。1933年東京生まれ。54年漫才師宮田洋容の門下生になり、55年『陽司・章司』のコンビ名で漫才師としてデビュー。76年コンビ解消後、江戸売り声の魅力にひかれて、寄席芸として完成させる。2017年、映画『沈黙 ～サイレンス』（監督：マーティン・スコセッシ）に江戸売り声で参加。台東区公式チャンネルで動画公開中（「YouTube 台東芸能文庫 江戸売り声 宮田章司」で検索）。著書に『江戸売り声百景』（岩波アクティブ新書）、『いいねぇ～ 江戸売り声 絵で見る商いの原風景』（イラスト：瀬知エリカ 素朴社）。

絵 **瀬知エリカ**（せち えりか）

イラストレーター。1975年福岡県生まれ。日本大学農獣医学部林学科、セツ・モードセミナー、MJイラストレーションズ（4期生）卒業。時代小説、歴史関連本などの書籍の装画、時代劇の芝居のポスター、チラシなどで活躍中。2010年MJ展飯野和好賞受賞。2014年準朝日広告賞受賞。趣味は三味線、小唄、端唄。

監修 **市川寛明**（いちかわ ひろあき）

江戸東京博物館学芸員。1964年愛知県生まれ。一橋大学大学院博士課程修了、社会学博士。江戸東京博物館で『参勤交代』、『大江戸八百八町』、『江戸の学び』、『花開く江戸の園芸』などの企画展を担当。専攻は日本近世都市史。

売《う》り声《ごえ》図鑑《ずかん》 2

江戸《えど》の長屋《ながや》の春夏秋冬《しゅんかしゅうとう》
江戸売《えどう》り声《ごえ》でタイムトリップ！

2018年12月初版発行

文　宮田章司
絵　瀬知エリカ

発行元　株式会社絵本塾出版
〒160-0011　東京都新宿区若葉 1-22-16
TEL 03-5269-2891
FAX 03-5269-2892
ホームページ：http://ehonjuku.com/
発行者　尾下隆洋

印刷・製本　中央精版印刷株式会社
監修　市川寛明（江戸東京博物館学芸員）
構成　ホンマアカネ
装丁・本文デザイン・DTP　株式会社フレーズ（五味朋代・小松桂子）

企画・編集　和田千春

32P 27×22cm ISBN 978-4-86484-140-5 C8321 NDC210

参考文献

『絵でよむ 江戸のくらし風俗 大事典』（柏書房）棚橋 正博・村田 裕司編
『江戸開府400年・開館10周年記念 大江戸八百八町展』（江戸東京博物館）
『江戸から東京へ 都立高等学校地理歴史科用』（東京教育委員会）
『江戸子ども百景（公文浮世絵コレクション）』（河出書房新社）
『江戸最盛期の神田祭絵巻』（渡辺出版）福原敏男著
『江戸事情 第4巻 文化編』（雄山閣出版）NHKデータ情報部編
『江戸時代おもしろビックリ商売図鑑』（新人物往来社）
『江戸時代 人物画帳』（朝日新聞出版）小林淳一編
『江戸市中 世渡種』（江戸東京博物館　収蔵品デジタル資料）
『江戸商売図絵』（中公文庫）三谷一馬著
『江戸職人図聚 』（中公文庫）三谷一馬著
『江戸庶民の衣食住（図説江戸4）』（学習研究社）
『江戸庶民風俗図絵』（中公文庫）三谷一馬著
『江戸天下祭絵巻の世界』（岩田書院）都市と祭礼研究会編
『江戸店舗図譜』（三樹書房）林美一著
『江戸東京実見画録』（岩波文庫）長谷川渓石著
『江戸東京職業図典』（東京堂出版）槌田満文編
『江戸と東京 風俗野史』（国書刊行会）伊藤晴雨著
『江戸年中行事図聚』（中公文庫）三谷一馬著
『江戸の仕事づくし（図説江戸7）』（学習研究社）
『江戸の技と匠 独自の文化を支えた職人と科学者たち』（双葉社）
『江戸風俗 東都歳事記を読む』（東京堂出版）川田壽著
『江戸府内 絵本風俗往来』（青蛙房）菊池貴一郎著
『大江戸復元図鑑 庶民編』（遊子館）笹間良彦著
『大江戸ものしり図鑑』（主婦と生活社）
『川原慶賀の「日本」画帳』（弦書房）下妻みどり著
『『熈代勝覧』の日本橋』（小学館）小澤弘・小林忠著
『近世風俗志─守貞謾稿（一）～（五）』（岩波文庫）
『鍬形蕙斎画 近世職人尽絵詞』（勉誠出版）大高洋司、小島道裕、大久保純一編
『原色 浮世絵大百科事典 第5巻 風俗』（大修館書店）日本浮世絵協会編
『彩色江戸物売図絵』（中公文庫）三谷一馬著
『新版 写真で見る幕末・明治』（世界文化社）小沢健志著
『地図で読み解く江戸・東京』（技術評論社）江戸風土研究会著
『東京風俗志』（八坂書房）平出鏗二郎著
『特別展 隅田川 江戸が愛した風景』（江戸東京博物館）
『年中行事を体験する（江戸東京歴史探検1）』（中央公論新社）鈴木章生編
『ビジュアル・ワイド 江戸時代館』（小学館）
『一目でわかる江戸時代』（小学館）市川寛明編
『深川江戸資料館展示解説書』（江東区深川江戸資料館）
『復元 江戸生活図鑑』（柏書房）笹間良彦著
『母子絵百景（公文浮世絵コレクション）』（河出書房新社）
『町屋と町人の暮らし（図説江戸3）』（学習研究社）
『世渡風俗図会』（Kindle）清水清風著

絵本塾出版